ORAÇÕES
para crianças

PRECES DIÁRIAS

Direção-geral: *Flávia Reginatto*
Editora responsável: *Vera Ivanise Bombonatto*
Seleção das orações: *Marina Mendonça*
Copidesque: *Mônica Elaine G. S. da Costa*
Revisão: *Sandra Sinzato*
Gerente de produção: *Felício Calegaro Neto*
Capa e diagramação: *Tiago Filu*

1ª edição – 2019
7ª reimpressão – 2025

Nenhuma parte desta obra poderá ser reproduzida ou transmitida por qualquer forma e/ou quaisquer meios (eletrônico ou mecânico, incluindo fotocópia e gravação) ou arquivada em qualquer sistema ou banco de dados sem permissão escrita da Editora. Direitos reservados.

Cadastre-se e receba nossas informações
paulinas.com.br
Telemarketing e SAC: 0800-7010081

Paulinas
Rua Dona Inácia Uchoa, 62
04110-020 – São Paulo – SP (Brasil)
📞 (11) 2125-3500
✉ editora@paulinas.com.br
© Pia Sociedade Filhas de São Paulo – São Paulo, 2019

A ORAÇÃO

Deus está sempre disponível para todas as pessoas. Como falar com ele? Este livro apresenta às crianças as principais orações cristãs, de modo simples e lúdico.

As pessoas rezam porque Deus existe! Nós rezamos ao nosso Pai do Céu, por meio de Cristo, nosso Senhor, e o Espírito Santo é nosso mestre interior.

Rezar é falar com Deus. Rezar também é ficar em silêncio. Rezar é agradecer. Rezar é pedir. Rezar é aceitar as tristezas. Rezar é querer estar perto de Deus.

Podemos rezar em pé, sentados, ajoelhados. Deitados de bruços ou de barriga para cima. De braços abertos ou de mãos juntas. Caminhando ou correndo.

O Pai do Céu ouve nossos pedidos, seja onde for, seja como for. Alguns são atendidos prontamente; outros, depois de um tempo; mas nem tudo é do jeito que queremos. Alguns pedidos simplesmente não são o melhor para nós! Mas isso nós só descobrimos depois de um tempo. Deus sabe o melhor para nós. Precisamos confiar nele!

Vamos iniciar?

No começo do dia, no início de uma oração e também quando vamos realizar tarefas importantes, fazemos o *sinal da cruz*. Com isso, nós nos colocamos sob a proteção do Deus trino. O sinal da cruz santifica tudo o que fazemos; concede-nos a bênção e nos fortalece nas dificuldades.

Em nome do Pai e do Filho e do Espírito Santo.

O Pai-Nosso é uma oração muito especial porque é a única que o próprio Jesus nos comunicou. Ele nos ensina como falar com Deus.

Pai nosso,
que estais nos céus,
santificado seja o vosso nome,
venha a nós o vosso Reino,
seja feita a vossa vontade,
assim na terra como no céu.
O pão nosso de cada dia nos dai hoje.
Perdoai-nos as nossas ofensas,
assim como nós perdoamos
a quem nos tem ofendido.
E não nos deixeis cair em tentação,
mas livrai-nos do mal.

Maria é a mãe de Jesus. Dizer "Ave, Maria" é uma saudação. Pedimos a Maria que interceda por nós. Ela é Mãe de Jesus e também nossa Mãe.

Ave, Maria,
cheia de graça,
o Senhor é convosco.
Bendita sois vós entre as mulheres,
e bendito é o fruto do vosso ventre, Jesus.
Santa Maria, Mãe de Deus,
rogai por nós, pecadores,
agora e na hora da nossa morte.
Amém.

Maria deu à luz Jesus, e se tornou a Mãe de Deus. Quando lhe pedimos ajuda, ela intercede por nós junto a Jesus. Uma das orações usadas para pedir sua ajuda é a Salve-Rainha. Maria recebeu o título de Rainha do Céu porque seu filho, Jesus, é o Rei de todo o Universo.

Salve, Rainha,
Mãe de misericórdia,
vida, doçura, esperança nossa, salve!
A vós bradamos, os degredados filhos de Eva;
a vós suspiramos, gemendo e chorando
neste vale de lágrimas.
Eia, pois, Advogada nossa,
esses vossos olhos misericordiosos a nós volvei;
e depois deste desterro mostrai-nos Jesus,
bendito fruto do vosso ventre,
ó clemente, ó piedosa,
ó doce sempre Virgem Maria.

Rogai por nós, Santa Mãe de Deus,
para que sejamos dignos das promessas de Cristo.

O **Anjo do Senhor** é uma oração composta de três passagens bíblicas. Os sinos de algumas igrejas tocam às seis da manhã, ao meio-dia e às seis da tarde, para lembrar-nos de rezar esta oração.

O anjo do Senhor anunciou a Maria.
E ela concebeu do Espírito Santo.
Ave, Maria…

Eis aqui a serva do Senhor.
Faça-se em mim segundo a tua palavra.
Ave, Maria…

E o Verbo se fez carne.
E habitou entre nós...
Ave, Maria…

Rogai por nós, Santa Mãe de Deus.
Para que sejamos dignos das promessas de Cristo.

Oremos. Derramai, ó Deus, a vossa graça em nossos corações, para que, conhecendo pela mensagem do anjo a encarnação do vosso Filho, cheguemos, por sua Paixão e Cruz, à glória da ressurreição. Por Cristo, nosso Senhor.
Amém.

O Anjo da Guarda é um mensageiro de Deus, e normalmente não é visível. Ele nos protege. Podemos invocar sua ajuda e pedir que interceda junto de Deus.

Santo Anjo do Senhor,
meu zeloso guardador,
se a ti me confiou a piedade divina,
sempre me rege, guarda,
governa e ilumina.
Amém.

O **Credo**, **Creio** ou **Profissão de Fé** é uma oração muito antiga. Os primeiros cristãos resumiram nela os pontos centrais da nossa fé.

Creio em Deus Pai, Todo-poderoso,
criador do céu e da terra,
e em Jesus Cristo, seu único filho, nosso Senhor,
que foi concebido pelo poder do Espírito Santo,
nasceu da virgem Maria,
padeceu sob Pôncio Pilatos,
foi crucificado, morto e sepultado,
desceu à mansão dos mortos,
ressuscitou ao terceiro dia,
subiu aos céus, está sentado à direita de Deus Pai
Todo-poderoso,
donde há de vir a julgar os vivos e os mortos.
Creio no Espírito Santo,
na Santa Igreja Católica,
na comunhão dos santos,
na remissão dos pecados,
na ressurreição da carne,
na vida eterna.
Amém.

Deus é o Mestre dos mestres! Ele quem criou tudo, quem recebe tudo e quem tudo completa, no amor divino. A oração do Glória revela o que o único Deus nos mostrou: que ele é o Pai, o Filho e o Espírito Santo.

Glória ao Pai,
ao Filho
e ao Espírito Santo,
como era no princípio, agora e sempre!
Amém.

O Amém finaliza todas as orações do cristão. Dizer amém significa concordar com todo o coração. Amém quer dizer "que assim seja", "estou de acordo", "é isso mesmo".

O TERÇO

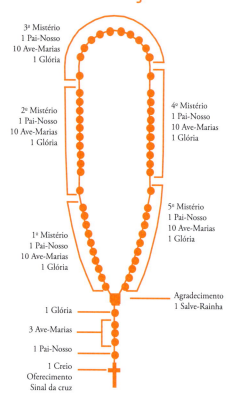

Começamos a oração do terço com o sinal da cruz: Em nome do Pai e do Filho e do Espírito Santo. Amém.

Rezamos, a seguir, o oferecimento do terço, compartilhando as nossas intenções:

Oferecimento

Senhor Jesus, nós vos oferecemos este terço que vamos rezar, contemplando os Mistérios de vossa redenção. Concedei-nos, pela intercessão de Maria, vossa Mãe Santíssima, a quem nos dirigimos, as atitudes que são necessárias para bem rezá-lo e as graças que nos vêm desta santa devoção.

Depois rezamos o Creio.

Antes de iniciar os Mistérios, temos 5 contas: 1 Pai-Nosso, 3 Ave-Marias e 1 Glória.

Em seguida, começamos a contemplação dos Mistérios. Após esta contemplação, reza-se 1 Pai-Nosso, 10 Ave-Marias e 1 Glória.

Após a oração do Glória, ao final de cada Mistério, reza-se uma invocação que poderá ser espontânea. Por exemplo: "Meu Jesus, misericórdia".

Ao final do terço, após o agradecimento, reza-se 1 Salve-Rainha e 1 Pai-Nosso na intenção do Papa.

OUTRAS ORAÇÕES

Ato de Fé

Eu creio firmemente que há um só Deus em três pessoas realmente distintas, Pai, Filho e Espírito Santo; que dá o céu aos bons e o inferno aos maus, para sempre. Creio que o Filho de Deus se fez homem, padeceu e morreu na cruz para nos salvar, e ao terceiro dia ressuscitou. Creio em tudo mais que crê e ensina a Igreja Católica, Apostólica, Romana, porque Deus, verdade infalível, lho revelou. Nesta crença quero viver e morrer.

Ato de Esperança

Eu espero, meu Deus, com firme confiança, que pelos merecimentos de nosso Senhor Jesus Cristo, me dareis a salvação eterna e as graças necessárias para consegui-la, porque vós, sumamente bom e poderoso, o havia prometido a quem observar os mandamentos e o Evangelho de Jesus, como eu proponho fazer com o vosso auxílio.

Ato de Caridade

Eu vos amo, ó meu Deus, de todo o meu coração e sobre todas as coisas, porque sois infinitamente amável e bom, e antes quero perder tudo do que vos ofender. Por amor de vós, amo ao meu próximo como a mim mesmo e perdoo as ofensas recebidas. Senhor, fazei que eu vos ame sempre mais.

Ato de Contrição

Meu Deus, eu me arrependo de todo o coração de vos ter ofendido, porque sois bom e amável. Prometo, com a vossa graça, nunca mais pecar. Meu Jesus, misericórdia!

10 MANDAMENTOS DA LEI DE DEUS

1. Amar a Deus sobre todas as coisas.
2. Não falar o nome de Deus em vão.
3. Santificar os domingos e as festas.
4. Honrar pai e mãe.
5. Não matar.
6. Não cometer atos impuros.
7. Não roubar.
8. Não dizer falso testemunho nem mentir.
9. Não consentir pensamentos nem desejos impuros.
10. Não cobiçar as coisas alheias.

5 MANDAMENTOS DA IGREJA

1. Participar da missa aos domingos, de outras festas de guarda e abster-se de ocupações de trabalho.
2. Confessar-se ao menos uma vez por ano.
3. Receber o sacramento da Eucaristia ao menos pela Páscoa da ressurreição.
4. Jejuar e abster-se de carne, conforme manda a Santa Mãe Igreja.
5. Ajudar a Igreja em suas necessidades.

7 SACRAMENTOS

1. Batismo
2. Confirmação
3. Eucaristia
4. Penitência
5. Unção dos enfermos
6. Ordem sacerdotal
7. Matrimônio

7 OBRAS DE JUSTIÇA OU DE MISERICÓRDIA

1. Dar de comer a quem tem fome.
2. Dar de beber a quem tem sede.
3. Visitar os enfermos e encarcerados.
4. Vestir os nus.
5. Dar pousada aos peregrinos.
6. Instruir os menos esclarecidos.
7. Suportar pacientemente as imperfeições alheias.

7 DONS DO ESPÍRITO SANTO

1. Sabedoria
2. Entendimento
3. Conselho
4. Piedade
5. Fortaleza
6. Ciência
7. Temor a Deus

7 VÍCIOS CAPITAIS

1. Soberba
2. Avareza
3. Luxúria
4. Ira
5. Gula
6. Inveja
7. Preguiça

LADAINHA DE NOSSA SENHORA

Senhor, tende piedade de nós
Jesus Cristo, tende piedade de nós
Senhor, tende piedade de nós
Jesus Cristo, ouvi-nos
Jesus Cristo, atendei-nos

Deus Pai do céu, tende piedade de nós
Deus Filho, redentor do mundo,
tende piedade de nós
Deus Espírito Santo, tende piedade de nós
Santíssima Trindade, que sois um só Deus,
tende piedade de nós

Santa Maria, rogai por nós
Santa Mãe de Deus, rogai por nós
Santa Virgem das Virgens, rogai por nós
Mãe de Jesus Cristo, rogai por nós
Mãe da divina graça, rogai por nós
Mãe puríssima, rogai por nós
Mãe castíssima, rogai por nós
Mãe sempre virgem, rogai por nós

Mãe imaculada, rogai por nós

Mãe amável, rogai por nós

Mãe admirável, rogai por nós

Mãe do bom conselho, rogai por nós

Mãe do Criador, rogai por nós

Mãe do Salvador, rogai por nós

Mãe da Igreja, rogai por nós

Virgem prudentíssima, rogai por nós

Virgem venerável, rogai por nós

Virgem louvável, rogai por nós

Virgem poderosa, rogai por nós

Virgem benigna, rogai por nós

Virgem fiel, rogai por nós

Espelho de justiça, rogai por nós

Sede da sabedoria, rogai por nós

Causa de nossa alegria, rogai por nós

Vaso espiritual, rogai por nós

Vaso honorífico, rogai por nós

Vaso insigne de devoção, rogai por nós

Rosa mística, rogai por nós

Torre de Davi, rogai por nós

Torre de marfim, rogai por nós

Casa de ouro, rogai por nós

Arca da aliança, rogai por nós

Porta do céu, rogai por nós

Estrela da manhã, rogai por nós

Saúde dos enfermos, rogai por nós

Refúgio dos pecadores, rogai por nós

Consoladora dos aflitos, rogai por nós

Auxílio dos cristãos, rogai por nós

Rainha dos anjos, rogai por nós

Rainha dos patriarcas, rogai por nós

Rainha dos profetas, rogai por nós

Rainha dos apóstolos, rogai por nós

Rainha dos mártires, rogai por nós

Rainha dos confessores, rogai por nós

Rainha das virgens, rogai por nós

Rainha de todos os santos, rogai por nós

Rainha concebida sem pecado original, rogai por nós

Rainha assunta ao céu, rogai por nós

Rainha do santo rosário, rogai por nós

Rainha da paz, rogai por nós

Cordeiro de Deus, que tirais os pecados do mundo, perdoai-nos, Senhor.

Cordeiro de Deus, que tirais os pecados do mundo, ouvi-nos, Senhor.

Cordeiro de Deus, que tirais os pecados do mundo, tende piedade de nós.

ORAÇÕES AO ACORDAR

Ao acordar, devemos dizer bom-dia ao Senhor. Pensamos em tudo que o dia promete e pedimos a Deus a bênção.

Obrigado, Deus, por esta manhã!

✦✦✦

Deus, fique comigo por todo o dia de hoje!

✦✦✦

Querido Papai do Céu, obrigado por mais este dia! Vamos passá-lo juntos!

ORAÇÕES ANTES DE IR À ESCOLA

A hora da escola é muito importante! São horas dedicadas ao estudo e ao aprendizado. Podemos pedir que o Senhor nos deixe mais atentos e focados.

Senhor, neste novo dia de escola, agradeço a oportunidade de estar aqui e peço que o Senhor me acompanhe em minhas atividades escolares.

✶✶✶

Pai do Céu, onde quer que eu esteja, o Senhor está comigo, até mesmo aqui na escola! Obrigado por tudo!

ORAÇÕES AO DEITAR

À noite, ao deitar, pensamos em como foi nosso dia. É a hora perfeita para agradecermos por tudo e para pedirmos desculpas pelo que fizemos de errado. Vamos nos empenhar mais no dia seguinte, para sermos bons, como Jesus!

Senhor, mais um dia está terminando.
Aceite o que foi bom, feliz e correto e
leve embora o que foi mau, triste e ruim.

★ ★ ★

Deus, agradeço pelo dia de hoje!

BIBLIOGRAFIA

Bíblia Sagrada. Brasília, CNBB, 2. ed. 2002.

Encontro com Jesus. Maria Belém. São Paulo, Paulinas, 6 reimp. 2018.

Meu pequeno catecismo de Iniciação Cristã. Natália Maccari. São Paulo, Paulinas, 7 reimp. 2018.

O terço rezado por crianças. Celina Helena Weschenfelder. São Paulo, Paulinas, 4 reimp. 2016.

Orações do cristão. Celina Helena Weschenfelder. São Paulo, Paulinas, 13 reimp. 2018.

YOUCAT para crianças. São Paulo, Paulus, 2019.